신기한 스쿨버스

신기한 스쿨버스

⑩ 눈, 귀, 코, 혀, 피부 속을 탐험하다

조애너 콜 글 · 브루스 디건 그림 | 이강환 옮김 | 서울초등기초과학연구회 감수

비룡소

원고와 그림을 자세히 검토해 준 얼지너스대학의 행동신경과학 교수인
브루스 라이드아우트 박사님께 감사드립니다. 또 데이비드 스티븐스 박사님, 매튜 폴 의학 박사님,
브라이언 실버리브 수의학 박사님, 로렌 호핑 이건 씨, 커렌 피어스 씨,
그리고 늘 도와준 스테파니 칼멘슨 씨께도 감사드립니다.

신기한 스쿨버스

❿ 눈, 귀, 코, 혀, 피부 속을 탐험하다

1판 1쇄 펴냄 — 2000년 5월 22일, 1판 51쇄 펴냄 — 2018년 1월 18일
2판 1쇄 펴냄 — 2018년 11월 15일, 2판 5쇄 펴냄 — 2021년 12월 30일

글쓴이 조애너 콜 **그린이** 브루스 디건 **옮긴이** 이강환 **감수** 서울초등기초과학연구회
펴낸이 박상희 **편집** 김지호 **디자인** 정다울 **펴낸곳** (주)비룡소
출판등록 1994. 3. 17.(제16-849호) **주소** 06027 서울시 강남구 도산대로1길 62 강남출판문화센터 4층
전화 영업 02)515-2000 팩스 02)515-2007 편집 02)3443-4318,9 **홈페이지** www.bir.co.kr
제품명 어린이용 각양장 도서 **제조자명** (주)비룡소 **제조국명** 대한민국 **사용연령** 3세 이상

The Magic School Bus®: Explores the Senses by Joanna Cole and illustrated by Bruce Degen
Text Copyright © 1999 by Joanna Cole
Illustrations Copyright © 1999 by Bruce Degen
All rights reserved.
Korean Translation Copyright © 2000 by BIR Publishing Co., Ltd.
Korean translation edition is published by arrangement with Scholastic Inc., 555 Broadway, New York, NY 10012, USA through KCC(Korea Copyright Center Inc.), Seoul.
Scholastic, THE MAGIC SCHOOL BUS®, 신기한 스쿨버스™ and/or logos are trademarks and registered trademarks of Scholastic, Inc.

이 책의 한국어판 저작권은 (주)한국저작권센터(KCC)를 통해 Scholastic, Inc.와 독점 계약한 (주)비룡소에 있습니다.
저작권법으로 한국 내에서 보호를 받는 저작물이므로 무단 전재와 무단 복제를 금합니다.

ISBN 978-89-491-5410-7 74400/ ISBN 978-89-491-5413-8(세트)

프리즐 선생님은 속도를 더 높였어요.
그러자 선생님 차에서 종이들이 버스 창문 쪽으로 날아왔어요.
그 종이들은 감각에 대해 선생님이 적어 놓은 글이었죠.
우리가 선생님에게 돌려드리기 위해 종이를 모두 잡는 사이,
와일드 선생님은 조심스럽게 주차장을 빠져나왔답니다.
다행히 프리즐 선생님의 차 뒤에는 차가 몇 대밖에 없었죠.
우리는 금방 선생님을 따라잡을 것 같았어요.

그때 와일드 선생님이 계기판에 있는 녹색 단추에 손을 대며
중얼거렸어요. "녹색은 가는 걸 뜻하지."
우리는 소리를 질렀어요. "선생님, 건드리면 안 돼요!"
하지만 때는 또 늦었어요. 선생님이 벌써 단추를 눌렀으니까요.
와일드 선생님은 이런 버스를 한 번도 본 적이 없을 거예요.
하지만 우리는 뭔가 이상한 일이 벌어질 것을 알고 있었죠.
실제로도 그랬고요. 버스가 점점 작아지기 시작했어요.

눈은 어떻게 움직일까요?
— 플로리

눈알에는 근육이 여섯 개 붙어 있습니다.

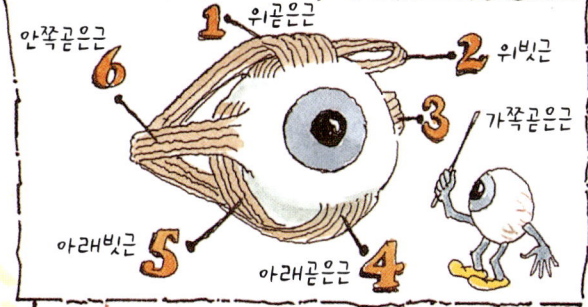

그 근육들이 눈을 상하좌우 여러 방향으로 움직입니다.

위 아래   왼쪽 오른쪽

부엉이는 눈을 움직일 수 없습니다. 그래서 부엉이는 주위를 둘러보려면 고개를 돌려야 합니다.

흔들리기
줄어들기
작아지기
으악
진짜
정말

난 아무것도 안 했어. 그냥 작은 단추 하나를 눌렀을 뿐이야!

작긴 작네!

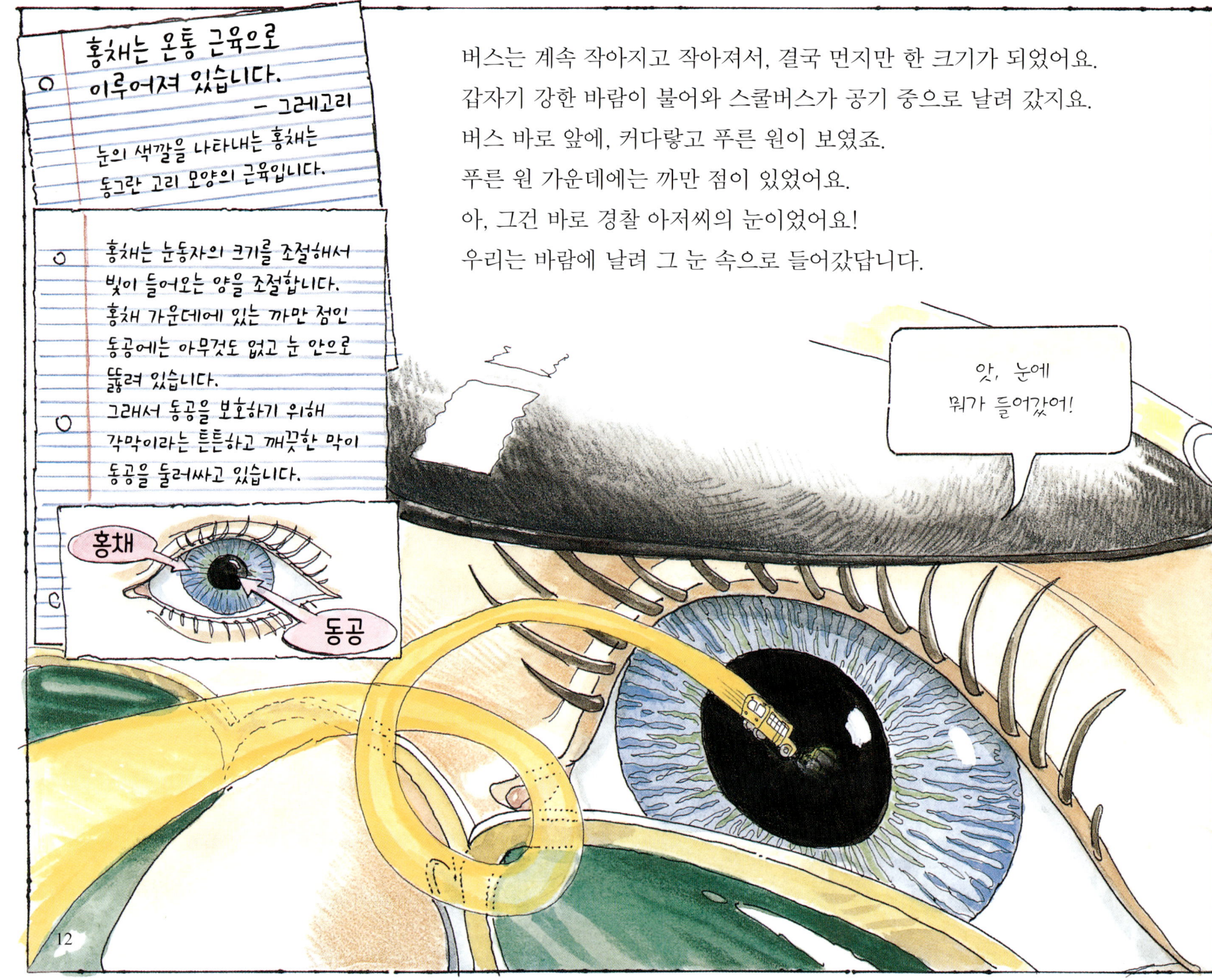

경찰 아저씨는 눈물을 흘려 우리를 씻어 내려고 했어요.
하지만 와일드 선생님은 이미 무지개 색깔을 띤 막대기를 보았죠.
우리가 소리쳤어요. "막대기는 건드리지 마세요!"
하지만 선생님을 말릴 수 있나요? 선생님이 막대기를 당기자,
스쿨버스는 홍채와 눈동자를 둘러싸고 있는 각막 속으로 들어갔어요.
그다음에 안방수를 지나고 푸른 홍채를 지나 동공 속으로 쏘옥.
와일드 선생님이 말했어요.
"여러분은 버스 운전이 이렇게 재미있는 건지 알고 있었나요?"

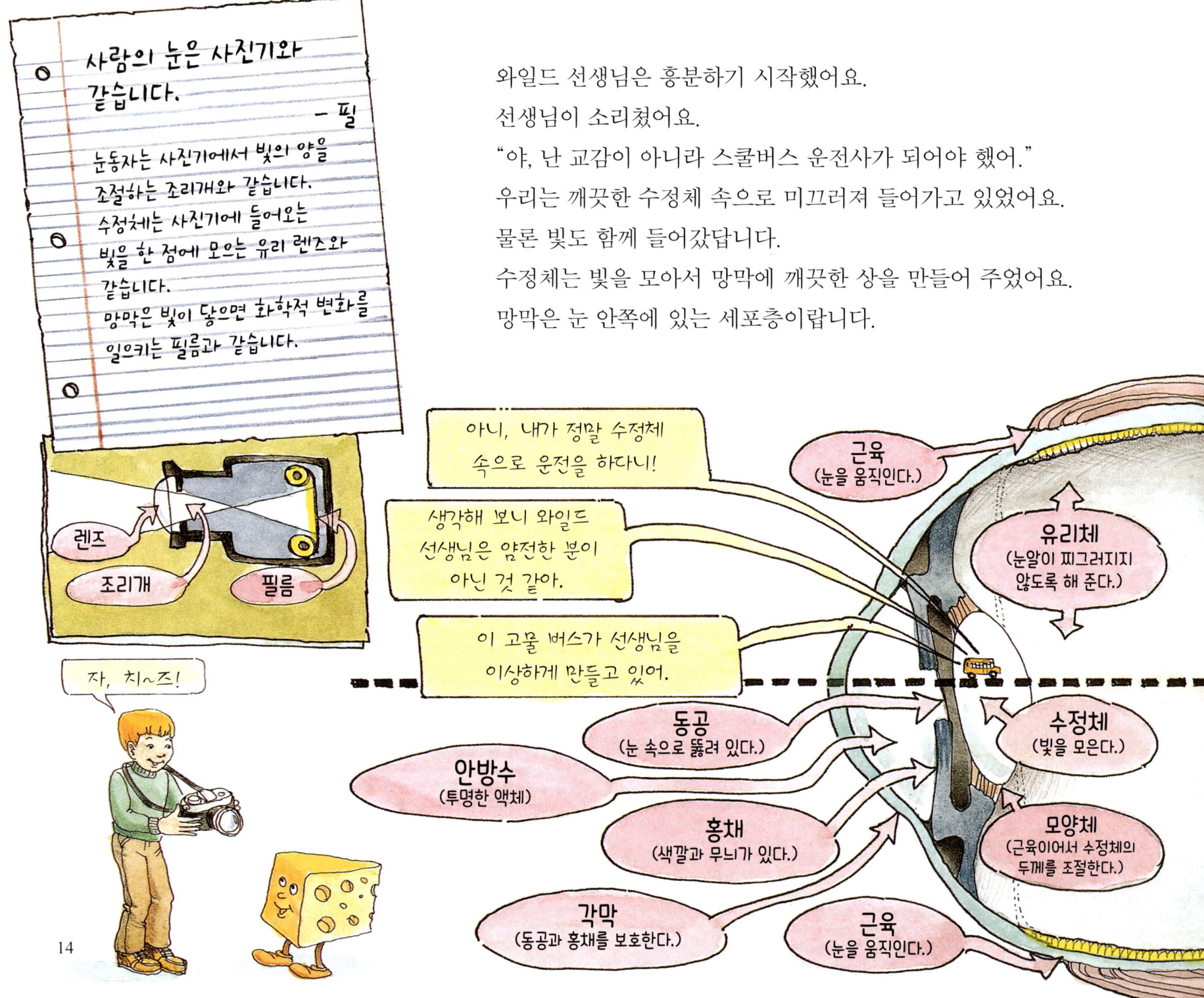

와일드 선생님께서 속력을 내며 말했어요. "자, 망막으로 갑시다."
우리는 더 이상 선생님을 말릴 수 없었답니다.
프리즐 선생님 공책에 망막은 간상세포와 원추세포라는 특별한 세포로 이루어져 있다고 적혀 있었어요.
이 세포에 빛이 닿으면, 그 빛은 신경 신호로 바뀌어 뇌로 전달되지요.
팀이 말했어요.
"이건 외국어를 우리말로 번역하는 것과 같아. 그러니까 간상세포와 원추세포는 '빛 언어'를 '신경 언어'로 바꾸는 거지."

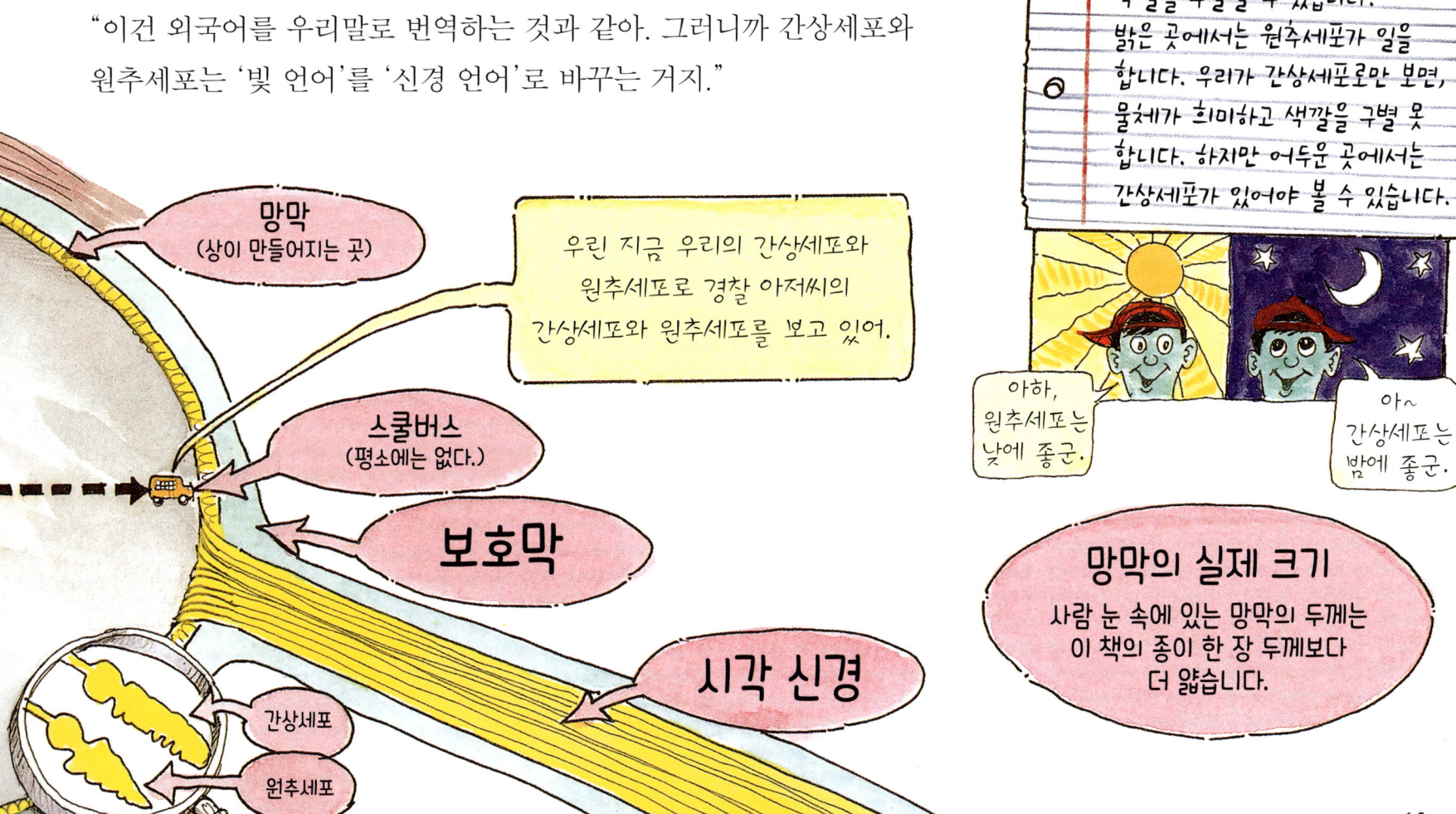

망막 (상이 만들어지는 곳)

우리 지금 우리의 간상세포와 원추세포로 경찰 아저씨의 간상세포와 원추세포를 보고 있어.

스쿨버스 (평소에는 없다.)

보호막

시각 신경

간상세포
원추세포

간상세포와 원추세포는 어떻게 다를까요?
— 랠프

우리가 어떤 물체를 제대로 보려면, 간상세포와 원추세포 둘 다 필요합니다. 우리는 원추세포 덕분에 물체를 깨끗하고 선명하게 볼 수 있고, 색깔을 구별할 수 있습니다. 밝은 곳에서는 원추세포가 일을 합니다. 우리가 간상세포로만 보면, 물체가 희미하고 색깔을 구별 못 합니다. 하지만 어두운 곳에서는 간상세포가 있어야 볼 수 있습니다.

아하, 원추세포는 낮에 좋군.

아~ 간상세포는 밤에 좋군.

망막의 실제 크기
사람 눈 속에 있는 망막의 두께는 이 책의 종이 한 장 두께보다 더 얇습니다.

와일드 선생님은 프리즐 선생님에게 전할 말을 잊어버렸어요.
선생님은 단지 버스를 운전하는 것에만 관심이 있었죠.
우리요? 당연히 우리 관심은 프리즐 선생님을 찾는 거예요.
키샤는 우리가 지금 어디에 있는지 알아내기 위해서
프리즐 선생님 공책을 뒤지며 말했어요.
"이것 봐! 여기 망막 지도가 있어. 망막 가운데에
있는 점이 황반이야. 황반은 우리가 어떤 물체를 똑바로
바라볼 때 사용한대."

황반에 상이 맺히면 왜 깨끗하게 보일까요?
— 셜리
황반에는 원추세포들만 모여 있습니다. 그래서 물체가 선명하게 보입니다.

황반이 하는 일 직접 관찰해 볼까요?
책을 읽고 있는 사람을 보세요.
눈이 움직이나요? 왜일까요?
책을 읽는 동안에 글자들을
황반에만 있게 하려면,
눈을 움직여야 합니다.

우리는 또 망막에 있는 다른 작은 점을 보았어요. 키샤가 그 부분은
맹점이며, 맹점에서는 아무것도 안 보인다고 말해 주었죠.
맹점은 눈 속에 있는 모든 신경들이 모이는 곳이에요.
이 신경 다발이 시각 신경이 되며, 시각 신경은 눈에서 뇌로 연결돼요.
갑자기 와일드 선생님이 씩 웃더니,
버스를 시각 신경 쪽으로 쏜살같이 몰고 갔어요.

왜 맹점에서는 물체를 볼 수 없을까요?
— 키샤

맹점에는 간상세포와 원추세포가 없기 때문입니다.

프리즐 선생님의 신발이 사라지는 마술!

한번 해 볼까요?
- 자, 이 책을 들어서 자기 얼굴 바로 앞에서 팔을 쭉 뻗으세요.
- 오른쪽 눈을 감으세요.
- 왼쪽 눈으로는 ✗ 표시를 보세요.
- 책을 천천히 얼굴 가까이로 가져왔다가 다시 멀어지게 하세요.
- 신발이 사라졌을 때 멈추세요.
- 바로 이때가 신발의 상이 맹점에 있을 때입니다.

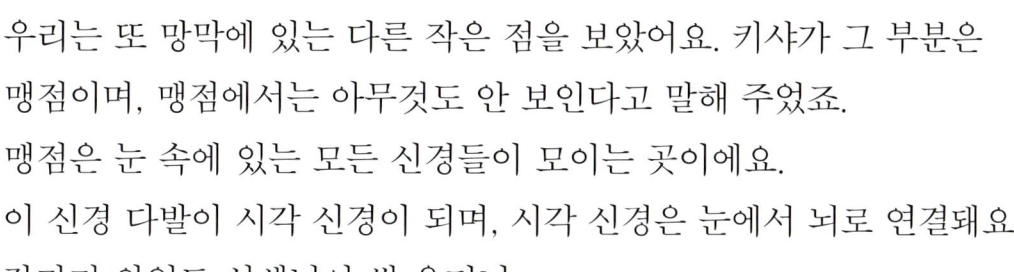

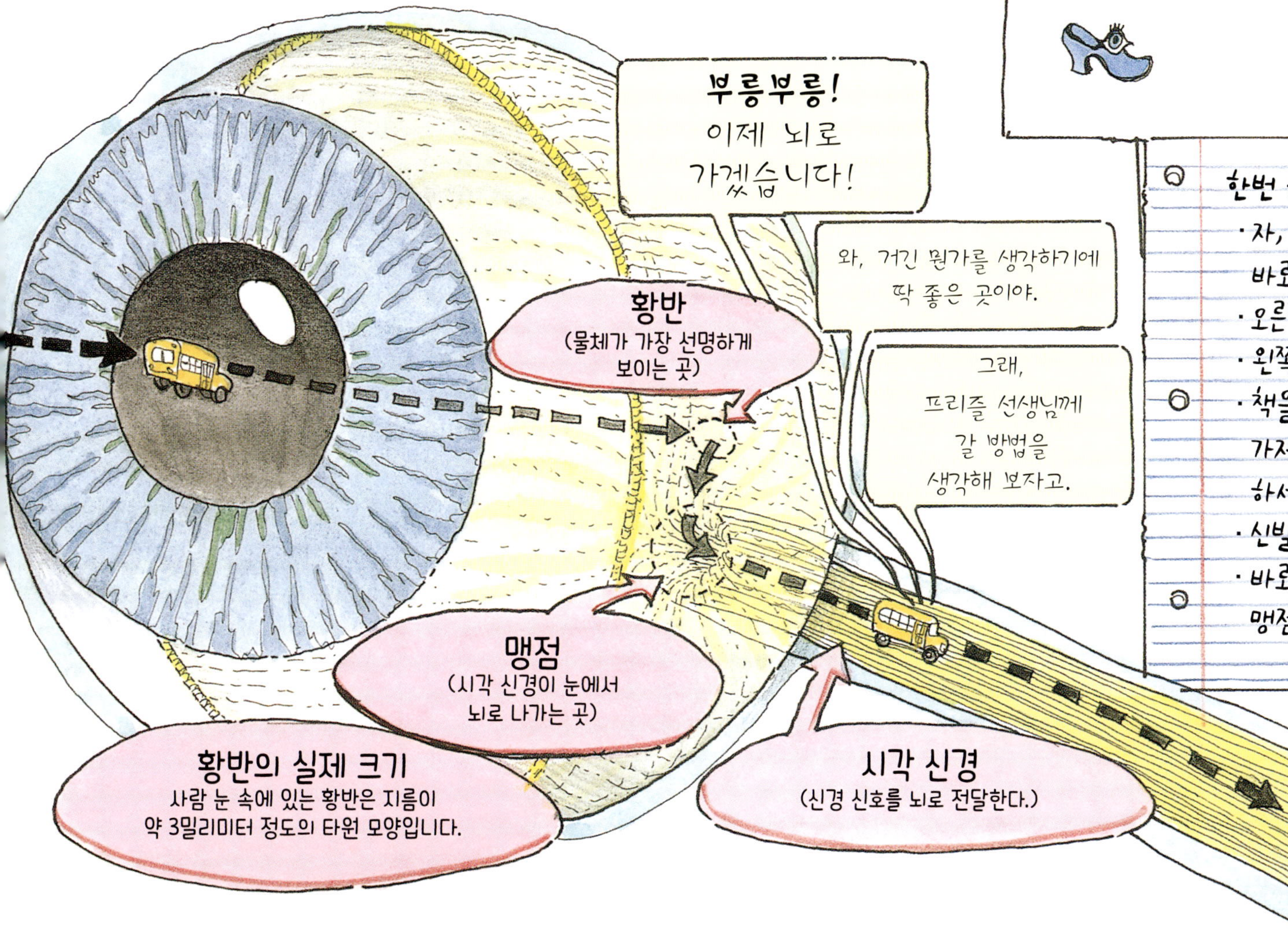

부릉부릉! 이제 뇌로 가겠습니다!

황반 (물체가 가장 선명하게 보이는 곳)

와, 거긴 뭔가를 생각하기에 딱 좋은 곳이야.

그래, 프리즐 선생님께 갈 방법을 생각해 보자고.

맹점 (시각 신경이 눈에서 뇌로 나가는 곳)

시각 신경 (신경 신호를 뇌로 전달한다.)

황반의 실제 크기
사람 눈 속에 있는 황반은 지름이 약 3밀리미터 정도의 타원 모양입니다.

뇌는 생각만 하는 곳이 아닙니다.
― 피비

멜론 껍질처럼 얇은 주름이 뇌를 둘러싸고 있습니다. 이것이 바로 대뇌 피질입니다.

우리는 대뇌 피질이 있기 때문에 생각할 수도, 말할 수도, 기억할 수도, 움직일 수도, 볼 수도, 들을 수도, 냄새를 맡을 수도, 만질 수도 있습니다.

대뇌 피질의 실제 크기
대뇌 피질을 쫙 펼치면, 크기가 작은 식탁보 정도 됩니다.

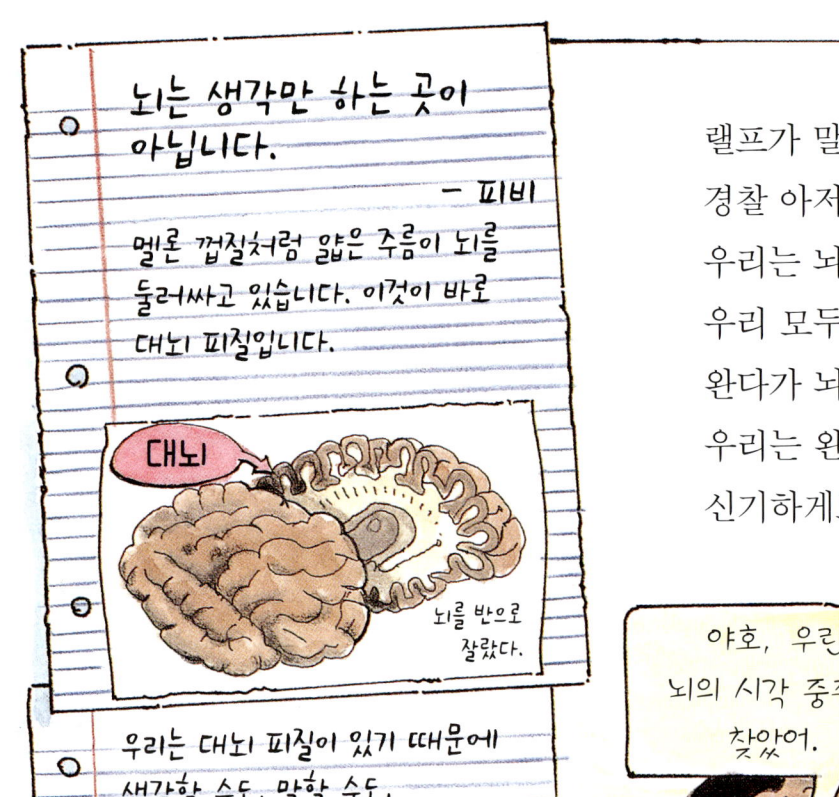

랠프가 말했어요. "얘들아, 프리즐 선생님을 놓치면 절대 안 돼. 경찰 아저씨의 눈에서 오는 정보를 받는 대뇌 피질 쪽을 찾아보자."
우리는 뇌의 겉면인 대뇌 피질로 갔어요.
우리 모두는 버스에서 내려 흩어졌지요.
완다가 뇌의 뒤쪽에서 우리를 불렀어요. "여기야, 여기!"
우리는 완다가 있는 뇌의 시각 중추로 달려갔어요.
신기하게도 경찰 아저씨가 지금 보는 걸 우리도 다 볼 수 있었죠!

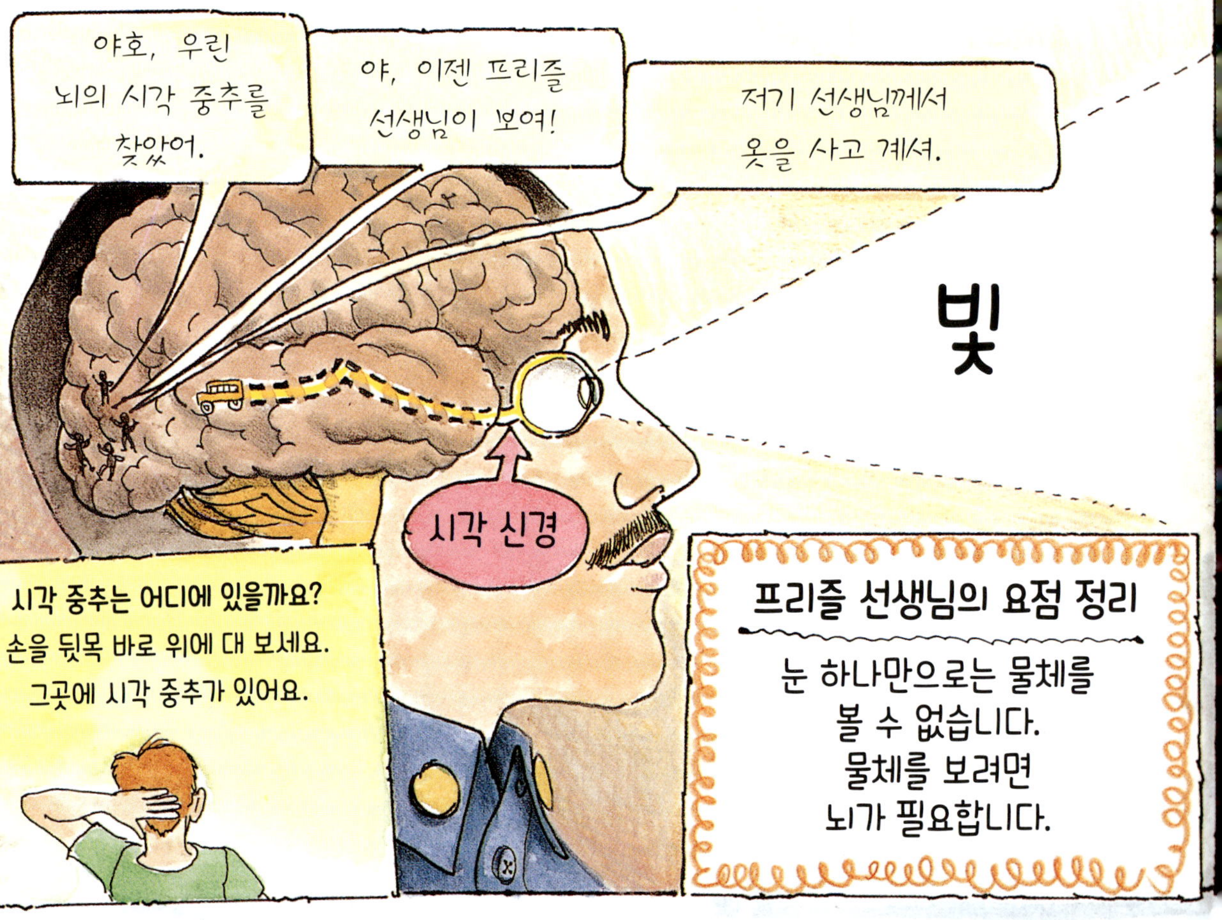

야호, 우린 뇌의 시각 중추를 찾았어.

야, 이젠 프리즐 선생님이 보여!

저기 선생님께서 옷을 사고 계셔.

빛

시각 신경

시각 중추는 어디에 있을까요?
손을 뒷목 바로 위에 대 보세요. 그곳에 시각 중추가 있어요.

프리즐 선생님의 요점 정리
눈 하나만으로는 물체를 볼 수 없습니다. 물체를 보려면 뇌가 필요합니다.

눈부신 옷 가게

눈에 확 띄는 옷들이 있습니다.

"정말 잘 어울리시네요!"

"빨리 우리 반 아이들한테 보여 주고 싶어요."

프리즐 선생님은 옷 가게에 있었어요.
선생님답게 착시 현상을 일으키는 무늬가 있는 옷을 사는 중이었죠.
우리는 도와달라고 소리쳤지만, 선생님에게 들릴 리가 있나요?
프리즐 선생님은 와일드 선생님이 버스를 운전하고 있다는 걸 몰라요.
또 우리들이 경찰 아저씨 뇌 속에 있다는 것도 모르죠.
한마디로, 우리가 지금 어떤 상황인지 모른답니다. 어떡하죠?
우리는 선생님에게 이 위급한 상황을 얘기할 수가 없었어요.

뇌는 착각을 할 때가 있습니다.
— 완다

"자, 다음은 착시 현상을 일으켜요."

어느 옷이 더 커 보이나요?

실제 크기는 둘 다 똑같습니다. 하지만 배경 때문에 뇌는 빨간색 옷이 더 작다고 생각합니다. 크기가 똑같은지 한번 재 보세요.

A일까요, 아니면 H일까요?

"읽어 보세요!"

화살표가 가리키는 두 글자는 모양이 정확히 똑같습니다. 하지만 글자가 속해 있는 단어 때문에, 뇌는 앞 글자를 H로, 뒤 글자를 A로 읽게 됩니다.

귀를 관찰해 보세요.
— 알렉스

우리 눈에 보이는 부분은 귓바퀴뿐입니다.
귓바퀴에는 단단한 뼈가 없습니다.
귓바퀴 안에는 부드럽게 구부러지는 물렁뼈가 있습니다.
귀는 바깥귓길까지 뚫려 있습니다.
귓바퀴와 바깥귓길을 합쳐서 바깥귀라고 합니다.

귀에는 보이지 않는 부분이 더 많습니다.
— 아만다 제인

귀의 대부분은 머릿속 깊은 곳에 있습니다.
그래서 우리 눈으로 볼 수 없습니다.

바깥귓길 / 귓바퀴 / 바깥귀 / 속귀

그때 우리는 뭔가 덜컹거리는 느낌을 받았어요.
경찰 아저씨가 오토바이를 타고 막 출발하려고 하지 뭐예요!
큰일 났어요! 우리는 프리즐 선생님 곁에 있어야만 해요.
우리 모두는 버스에 올라타서, 신경을 따라 눈 쪽으로 갔어요.
그러고는 눈꺼풀 위에 매달려 있다가 속눈썹을 따라 밖으로 슈웅.
으악, 아래를 내려다보니 커다란 귀가 보였어요.

우리 여기서 나가야 해요!

프리즐 선생님께 가야 해요!

사고 보험에도 들어야 해요!

하하하, 신난다! 날 봐, 손을 놨어!

음파란 무엇일까요?
— 팀

어떤 물체가 앞뒤로 빠르게 움직이면, 그 물체 주위에 있는 공기도 같이 움직입니다. 이런 공기의 움직임을 가리켜 음파라고 합니다.

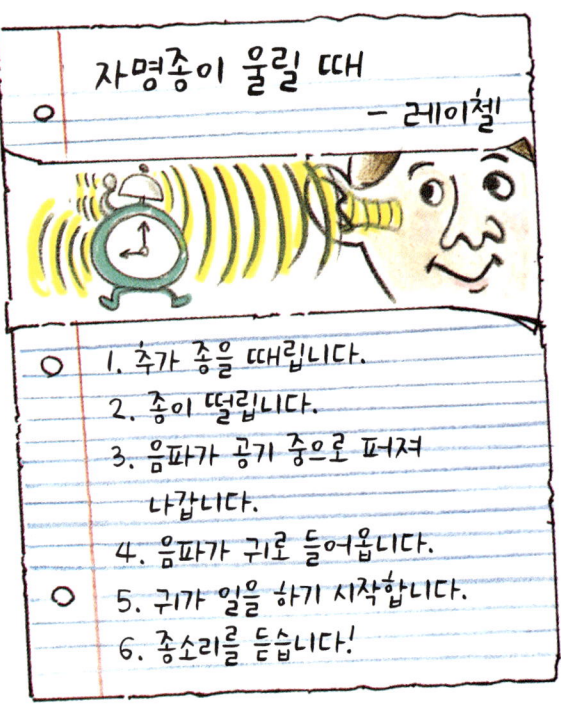

자명종이 울릴 때
— 레이첼

1. 추가 종을 때립니다.
2. 종이 떨립니다.
3. 음파가 공기 중으로 퍼져 나갑니다.
4. 음파가 귀로 들어옵니다.
5. 귀가 일을 하기 시작합니다.
6. 종소리를 듣습니다!

바깥귓길 끝에서 우리는 얇고 탄력 있는 뭔가에 부딪혀 나뒹굴었어요. 그건 바로 고막이었어요. 고막은 귀청이라고도 하죠. 우리가 버스에서 굴러떨어지려 할 때, 어떤 소리가 귓속으로 들어왔어요. 그 소리는 고막을 떨리게 했죠. 우리는 고막을 따라 떨면서 가운데귀로 들어갔답니다. 물론, 버스도 함께요.

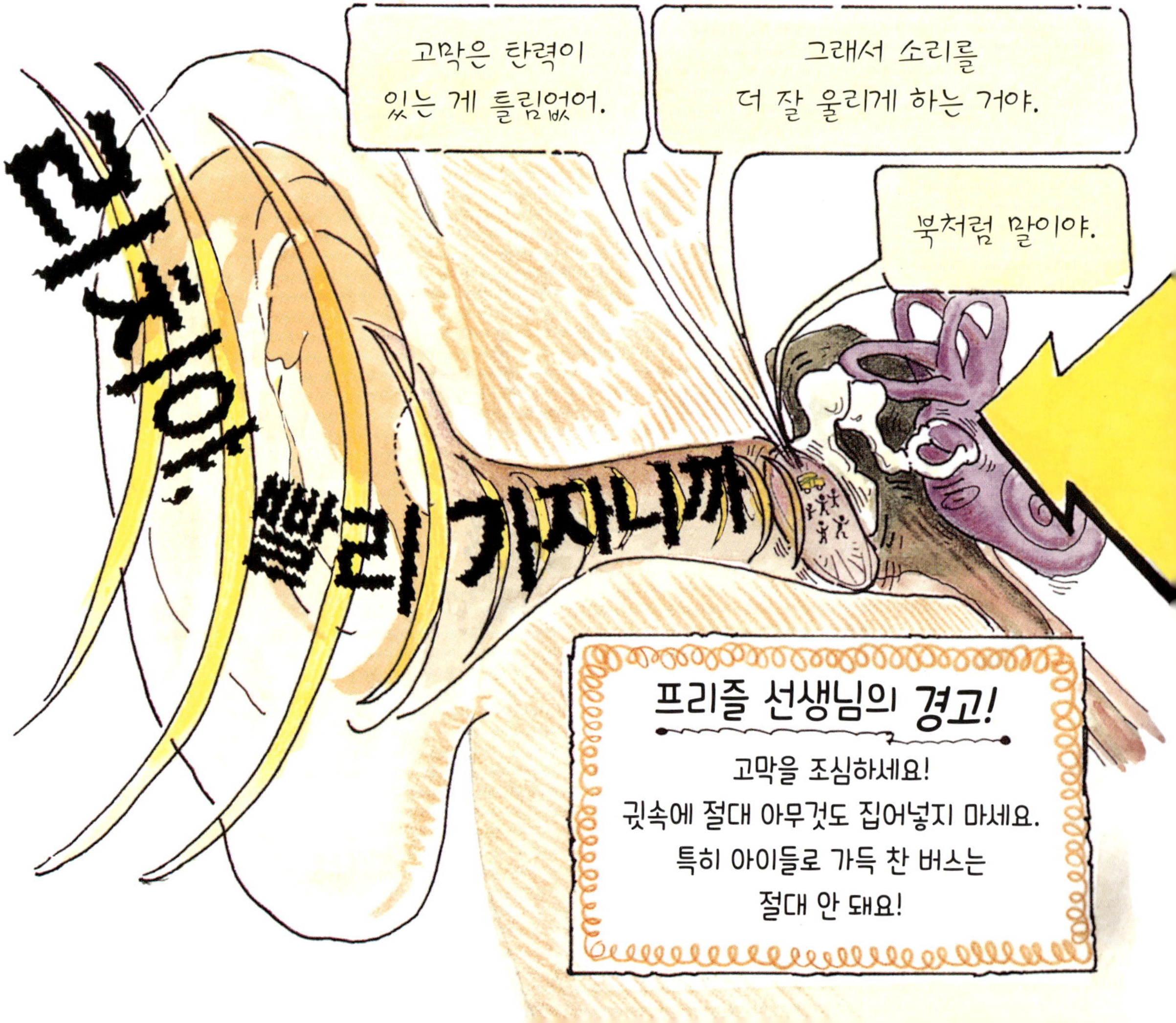

> 고막은 탄력이 있는 게 틀림없어.

> 그래서 소리를 더 잘 울리게 하는 거야.

> 북처럼 말이야.

귀청아! 빨리 가자니까

프리즐 선생님의 경고!
고막을 조심하세요! 귓속에 절대 아무것도 집어넣지 마세요. 특히 아이들로 가득 찬 버스는 절대 안 돼요!

공기로 채워진 가운데귀에는 귓속뼈 세 개가 있었어요.
이 작은 뼈들이 음파를 전달한답니다.
그때 귓속뼈가 한쪽 뼈에서 다른 쪽 뼈로 음파를 전달하고 있었어요.
우리도 음파를 따라갔고, 버스도 우리 뒤를 쫓아왔죠.

감각에 대한 낱말 공부 하나 더
— 도로시 앤

귓속뼈는 '청소골'이라고도 불립니다.

뼈의 이름!
— 몰리

다음은 귓속뼈를 이루는 세 뼈의 이름입니다.

망치뼈

모루뼈

등자뼈

이 이름들은 바로 옆에 그려진 물건들과 모양이 비슷하기 때문에 붙여졌습니다.

등자뼈의 실제 크기
귓속뼈 가운데 가장 작은 뼈인 등자뼈는 쌀 한 톨보다도 더 작습니다.

지금까지 우리는 귀가 음파를 전달하는 일만 한다고 생각했어요. 그런데 속귀에서 음파를 받는 부분인 달팽이관을 보았답니다. 우리는 달팽이관 속에 들어 있는 액체 속으로 헤엄쳤어요. 거기에서 겉면에 아주 가는 털이 나 있는 청각 세포들을 보았어요. 프리즐 선생님 공책에 "음파가 달팽이관 속의 액체를 움직이면, 청각 세포에 나 있는 털이 떨립니다. 그러면 청각 세포가 자극을 받아 그 떨림을 신경 신호로 바꿉니다."라고 적혀 있었어요. 우리는 다시 신경 신호를 쫓아 청각 신경으로 갔어요.

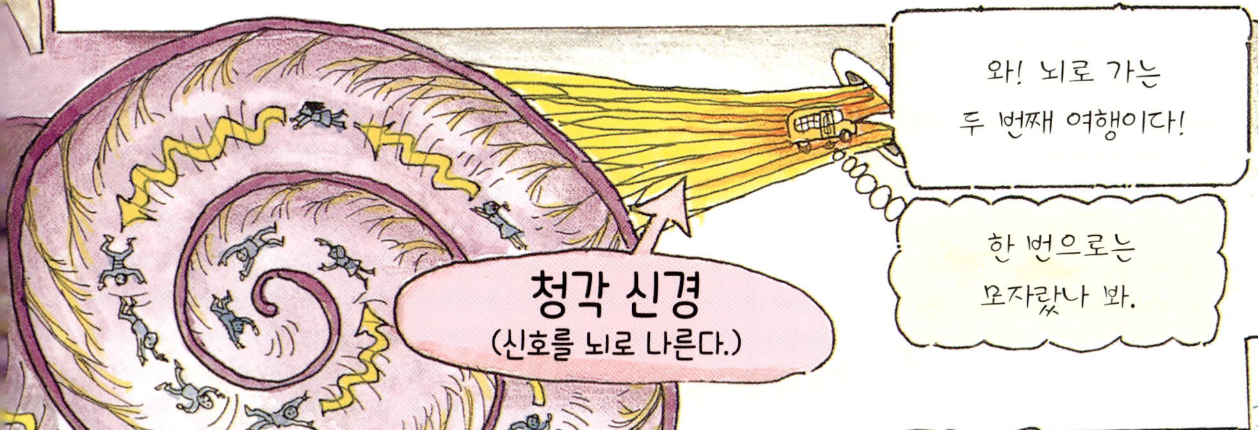

청각 세포에 나 있는 가는 털을 빗을 수 있을까요?
— 존

없습니다. 청각 세포에 나 있는 털은 털이 아닙니다.

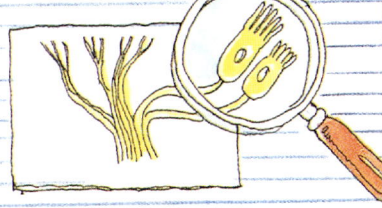

털처럼 생겼을 뿐입니다.

귀에 있는 청각 세포는 눈에 있는 원추세포나 간상세포와 같은 일을 합니다.
청각 세포, 원추세포, 간상세포 모두 빛 또는 음파 에너지를 받아서 신경 신호로 바꾸는 일을 합니다.

감각에 대한 낱말 공부 또 하나 더
— 도로시 앤

달팽이관은 '달팽이'에서 이름을 따왔습니다. 귓속에 있는 달팽이관이 달팽이의 껍데기처럼 생겼기 때문입니다.

달팽이 옷을 입고 있는 도로시 앤

청각 신경
(신호를 뇌로 나른다.)

와! 뇌로 가는 두 번째 여행이다!

한 번으로는 모자랐나 봐.

속귀

프리즐 선생님의 경고!
무지무지 큰 소리는 속귀에 있는 청각 세포를 다치게 할 수 있습니다.

음악 소리가 너무 커!

소리 좀 줄여!

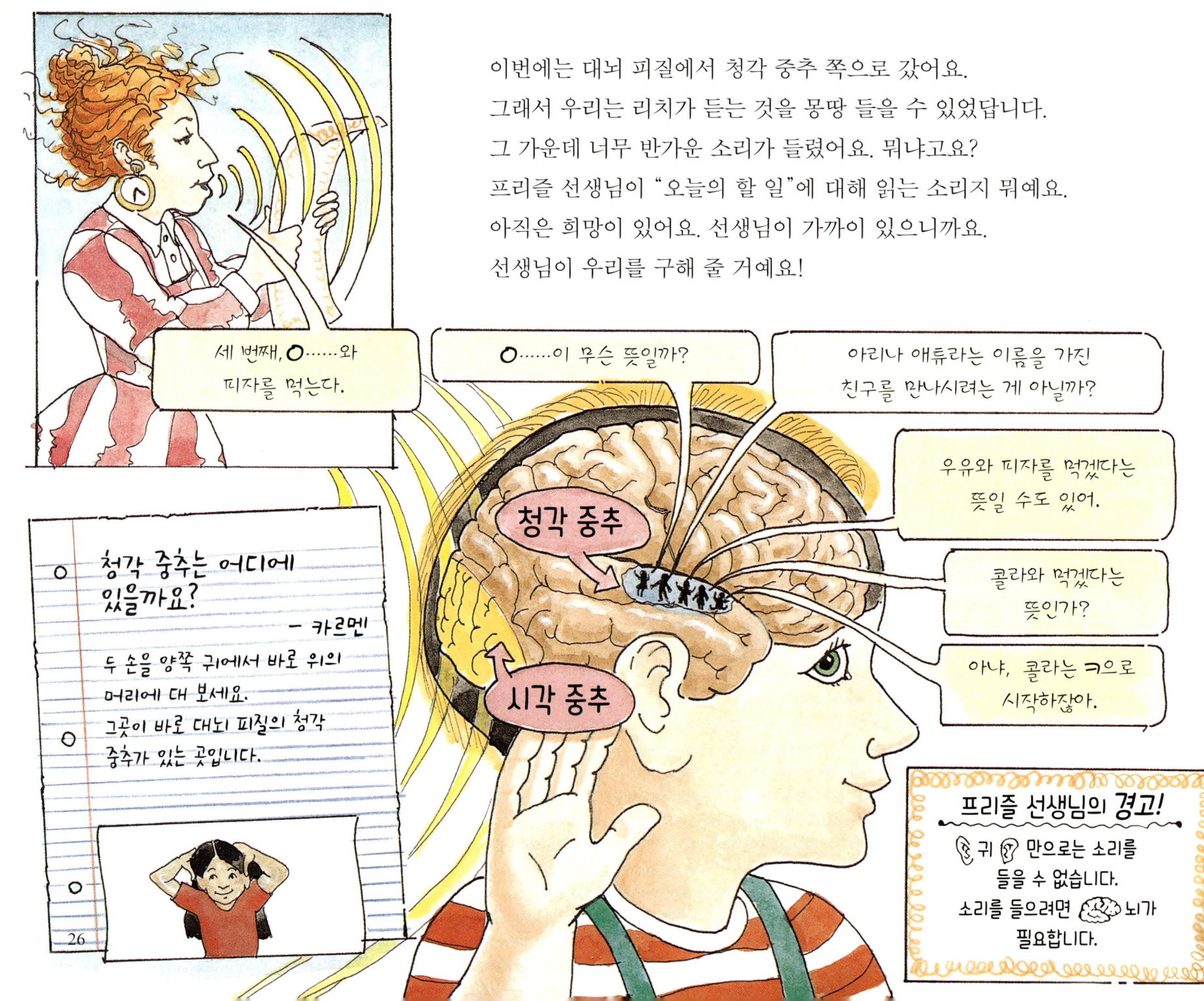

바로 그때 또각또각 구두 소리가 들렸습니다.
야호, 그건 프리즐 선생님의 구두 소리였어요!
선생님이 걷는 소리라고요! 얼른 선생님을 따라가야만 해요.
우리는 재빨리 버스를 타고 뇌에서 청각 신경으로 나와,
귀를 통과해서 바깥귀길 밖으로 나왔어요. 아주 순식간이었죠.
으악, 우리는 또 떨어지기 시작했어요!

야호! 스카이다이빙이다!

스카이다이빙을 하려면 낙하산이 필요한데……

프리즐 선생님, 기다려 주세요!

도와주세요!

선생님에게 우리 목소리가 들릴 리 없어.

이런 귀도 있대요!
― 플로리

귀뚜라미는 귀가 앞다리에 있습니다.

모기는 더듬이로 소리를 듣습니다.

뱀은 귀가 없습니다.
뱀은 뼈로 소리를 듣습니다.

아, 너무 배고프다!

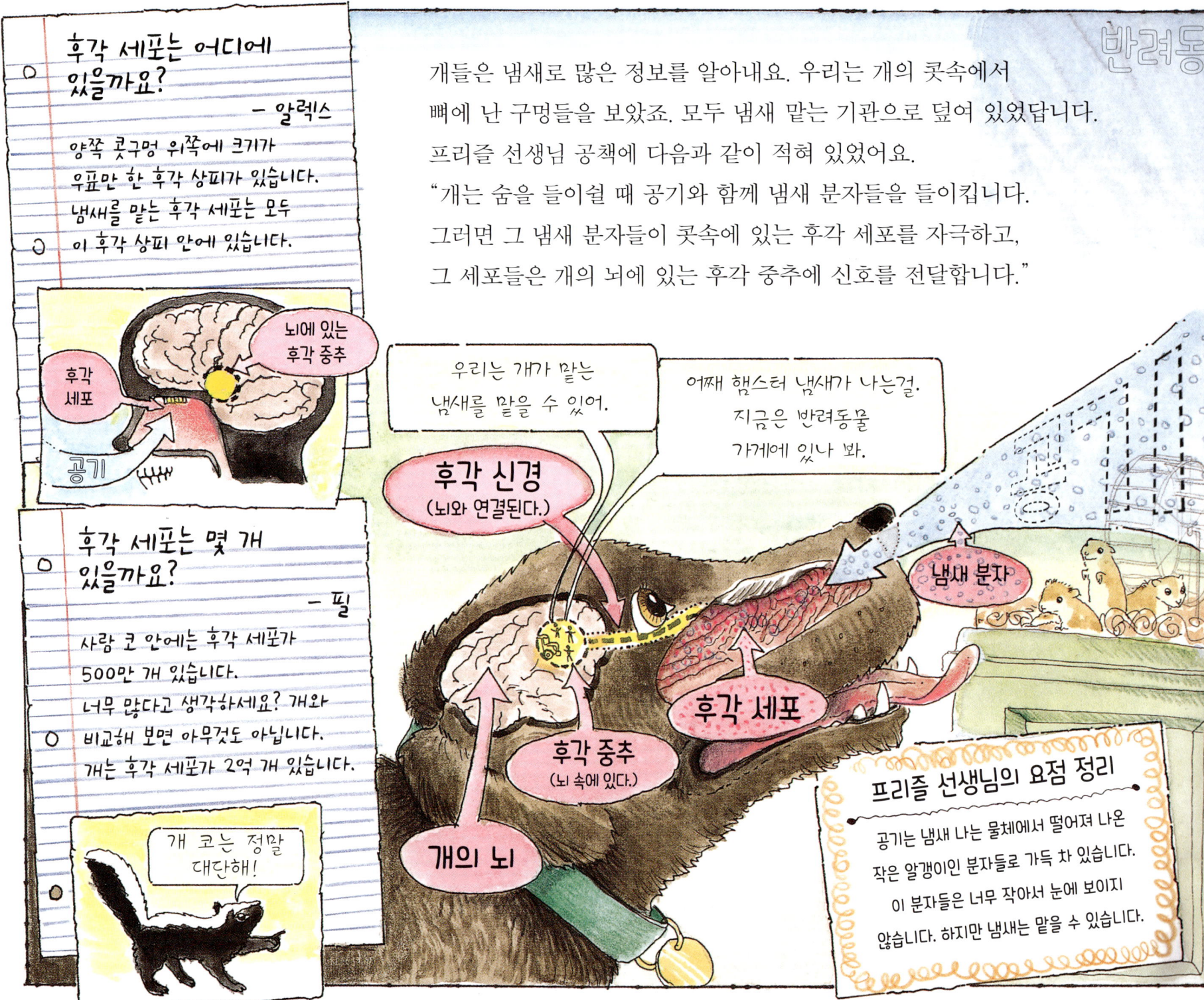

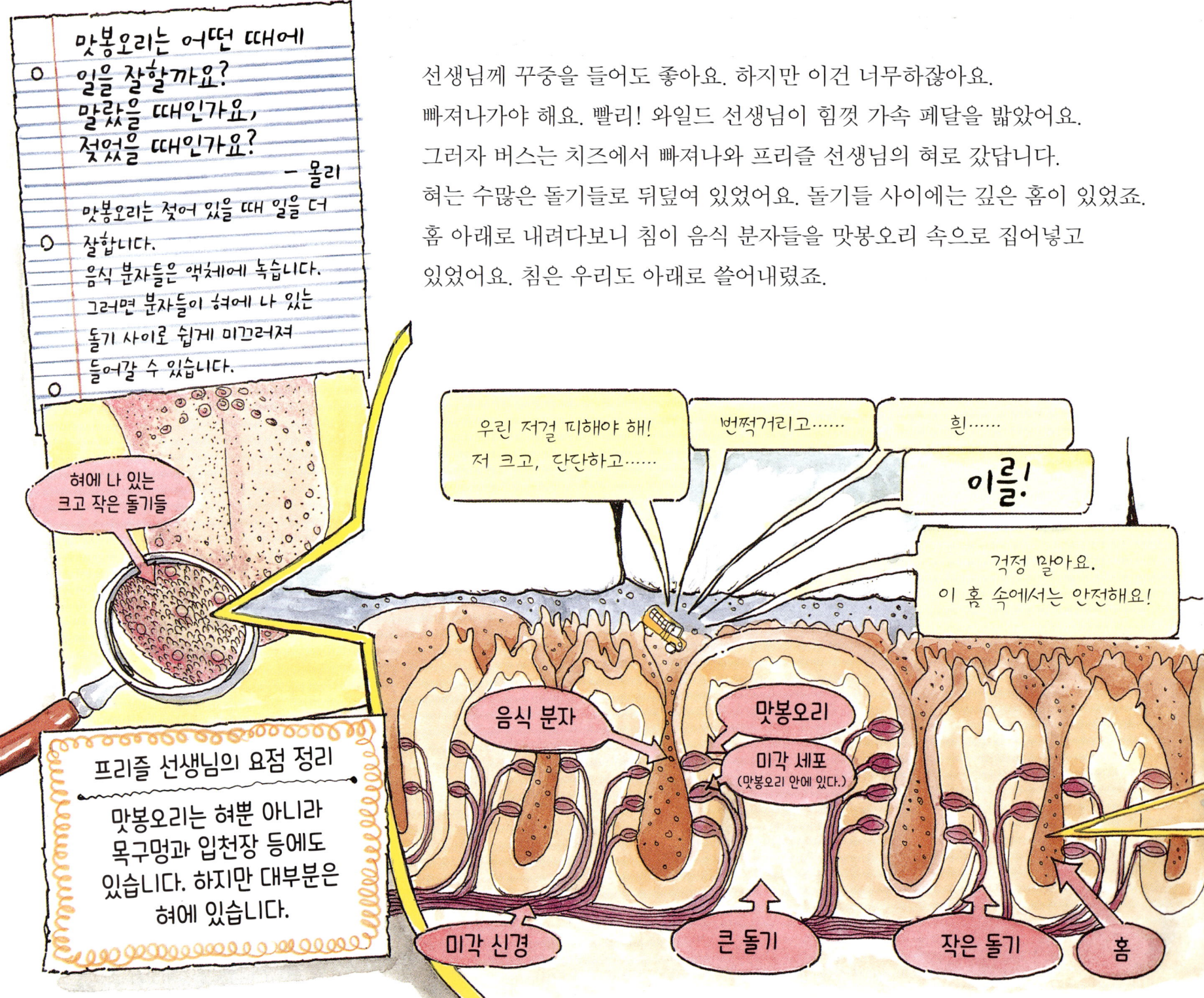

우리는 프리즐 선생님이 그만 씹을 때까지
홈에 숨어 있었답니다.
하지만 와일드 선생님은 스쿨버스에 완전히 빠져 버렸어요.
선생님이 시동을 걸더니, 맛봉오리 쪽으로 홱 좌회전을 했죠.
맛봉오리 속에 있는 미각 세포들이 맛을 신경 신호로 바꾸고 있었어요.

후각은 우리가 미각을
느끼는 데에
도움을 줍니다.
— 그레고리

음식을 씹으면 음식 분자들이 입 속에 있는 공기 중으로 스며듭니다.
그 공기는 목구멍 뒤로 흘러 들어간 다음 코로 들어갑니다.
콧구멍이 막히면 그 공기는 흘러 들어갈 수 없습니다.
따라서 감기에 걸리면 맛을 잘 느끼지 못합니다.

부릉부릉! 우리는 짜릿한 맛을 보게 될 거야!

난 초콜릿 맛이 가장 좋은데.

홈

미각 세포
(맛봉오리 안에 있다.)

맛봉오리

미각 신경

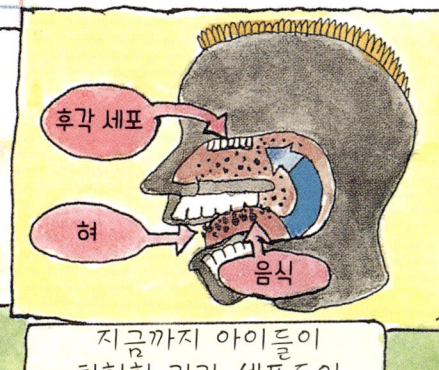

후각 세포
혀
음식

지금까지 아이들이 탐험한 감각 세포들이 한자리에 다 모였어요.

눈 속에 있는 간상세포와 원추세포
귓속에 있는 청각 세포
콧속에 있는 후각 세포
혓속에 있는 미각 세포

사람들은 얼마나 많은 맛을 구별할 수 있을까요?
— 랠프

사람의 미각 세포는 다섯 가지 맛만 구별할 수 있습니다.
쓴맛, 신맛, 짠맛, 단맛, 감칠맛입니다.
하지만 사람은 10,000가지 맛을 구별할 수 있습니다.
어떻게 그럴 수 있냐고요?

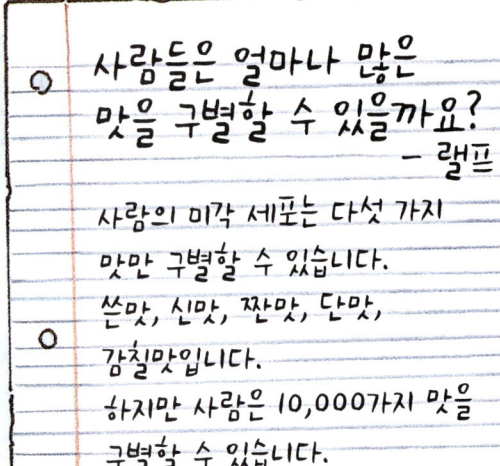
이건 초콜릿이야!

과학자들은 쓴맛, 신맛, 짠맛, 단맛, 감칠맛이 한데 어우러져 맛을 내고, 그 맛에 음식에서 나오는 많은 냄새들이 합쳐져 있기 때문이라고 말합니다.

프리즐 선생님의 요점 정리
입 하나만으로는 맛을 느낄 수 없습니다.
맛을 느끼려면  뇌가 꼭 필요합니다.

우리는 어느새 미각 신경을 따라 프리즐 선생님 뇌 속으로 가고 있었어요.
선생님의 미각 중추에 도착하자, 우리 모두는 버스에서 내렸답니다.
야호, 이제 우리는 맛있는 피자 맛을 보게 됐어요!
프리즐 선생님이 먹는 피자를 같이 맛보게 됐다니까요.

와! 이제 네 번째 뇌 여행이다!

이번엔 프리즐 선생님의 뇌야!

으악! 지금까지의 여행 가운데 가장 위험한 여행이 되겠군!

미각 중추

안초비

피자

혀

미각 신경

프리즐 선생님의 곱슬머리

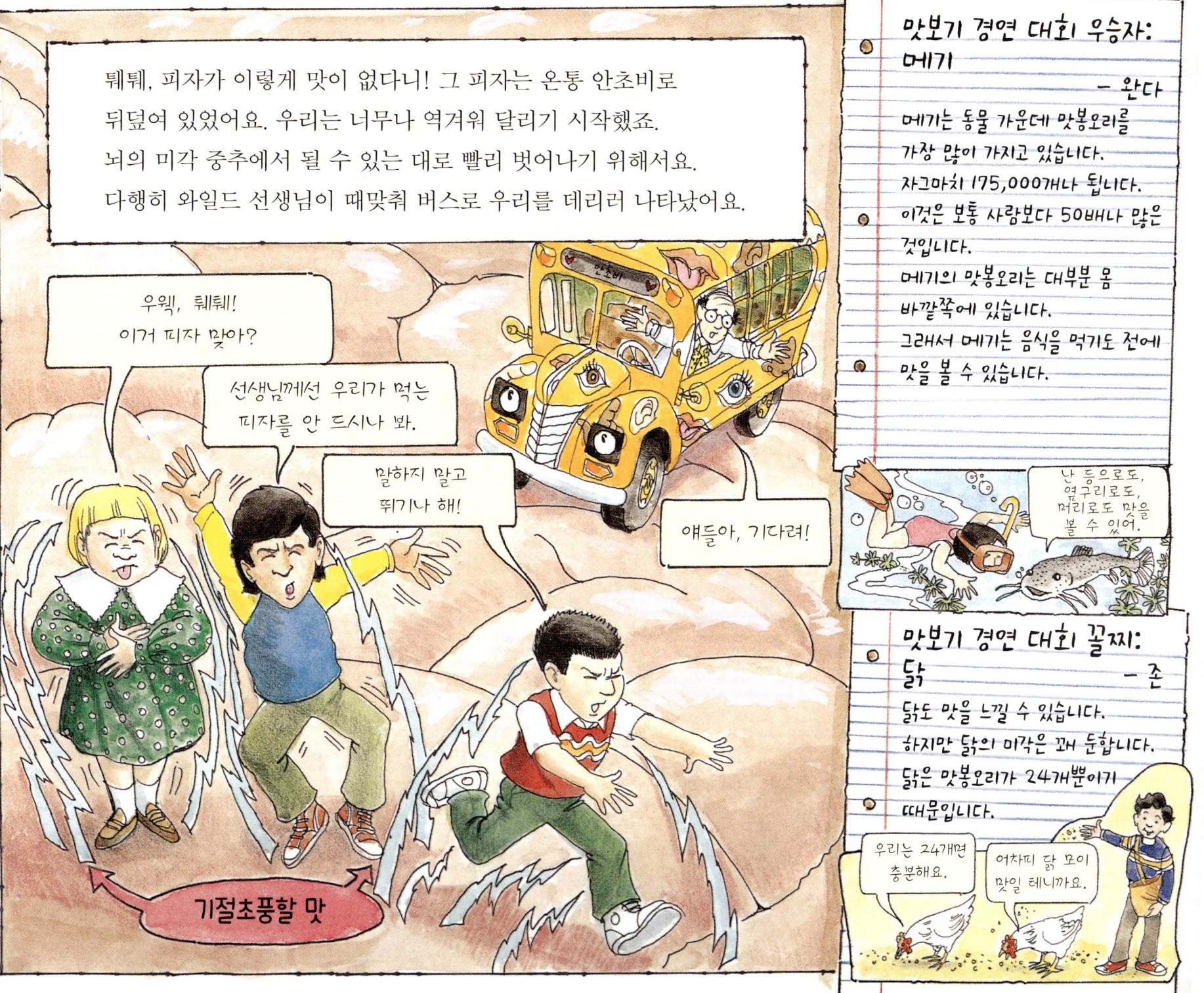

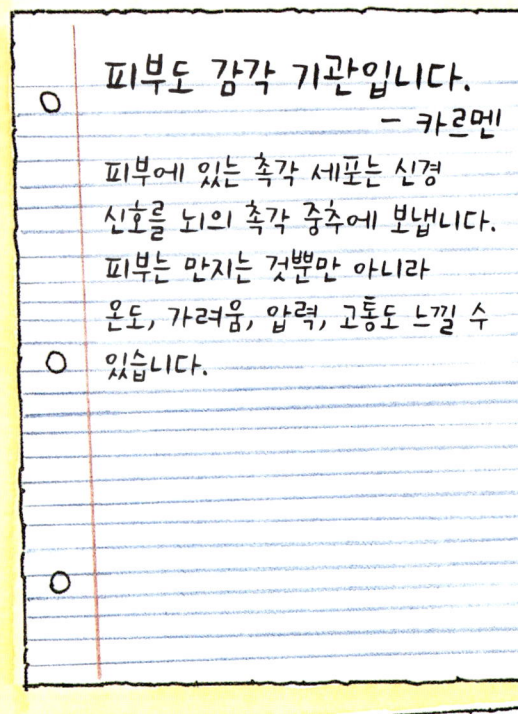

피부도 감각 기관입니다.
— 카르멘

피부에 있는 촉각 세포는 신경 신호를 뇌의 촉각 중추에 보냅니다. 피부는 만지는 것뿐만 아니라 온도, 가려움, 압력, 고통도 느낄 수 있습니다.

대뇌 피질에 있는 촉각 중추
— 팀

몸의 각 부분은 촉각 중추에서 자신의 영역을 따로따로 가지고 있습니다.

고물 스쿨버스는 미각 중추를 빠져나와 촉각 중추로 갔어요. 촉각 중추는 손에서 느끼는 감각을 느끼는 곳이죠. 버스에서 내리자, 우리는 프리즐 선생님이 느끼는 걸 똑같이 느낄 수 있었어요! 선생님이 뜨겁거나 차가운 것, 또는 단단하거나 부드러운 것, 그 어떤 것을 만져도 우리도 똑같이 느낄 수 있었답니다!

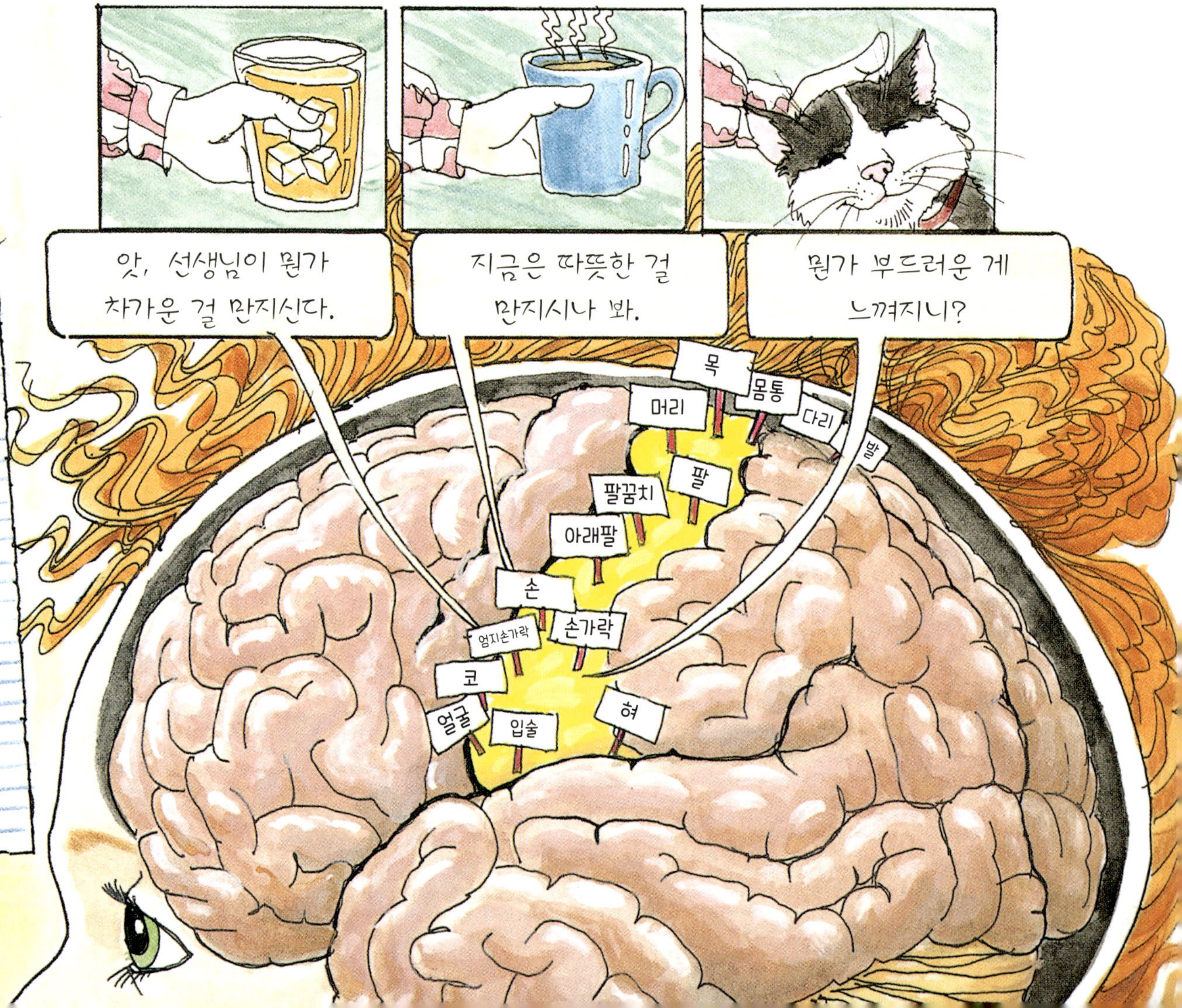

앗, 선생님이 뭔가 차가운 걸 만지신다.

지금은 따뜻한 걸 만지시나 봐.

뭔가 부드러운 게 느껴지니?

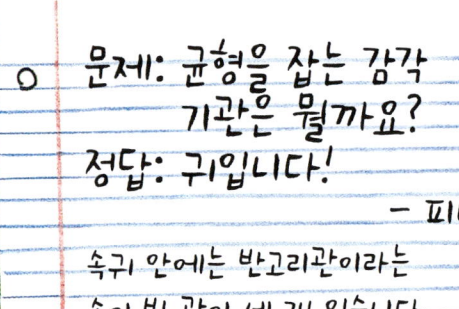

문제: 균형을 잡는 감각 기관은 뭘까요?
정답: 귀입니다!
— 피비

속귀 안에는 반고리관이라는 속이 빈 관이 세 개 있습니다. 관 속에 있는 청각 세포는 몸의 움직임에 대한 것을 뇌로 보냅니다.
그러면 뇌는 근육에 명령을 내려 중심을 잃지 않도록 합니다.

와일드 선생님이 피부의 땀구멍으로 운전하며 말했어요.
"여기 나가는 곳이 있어요." 바로 위를 보니 프리즐 선생님이 고양이를 쓰다듬고 있었어요. 그런데, 갑자기 버스가 공중으로 붕.
글쎄, 와일드 선생님이 너무 신나서 속도를 아주 많이 낸 거예요.
우리는 프리즐 선생님 손에서 나와 고양이의 귀로 들어갔답니다.

이제 귀는 싫어!

고양이 귀! 이제 끝장이다.

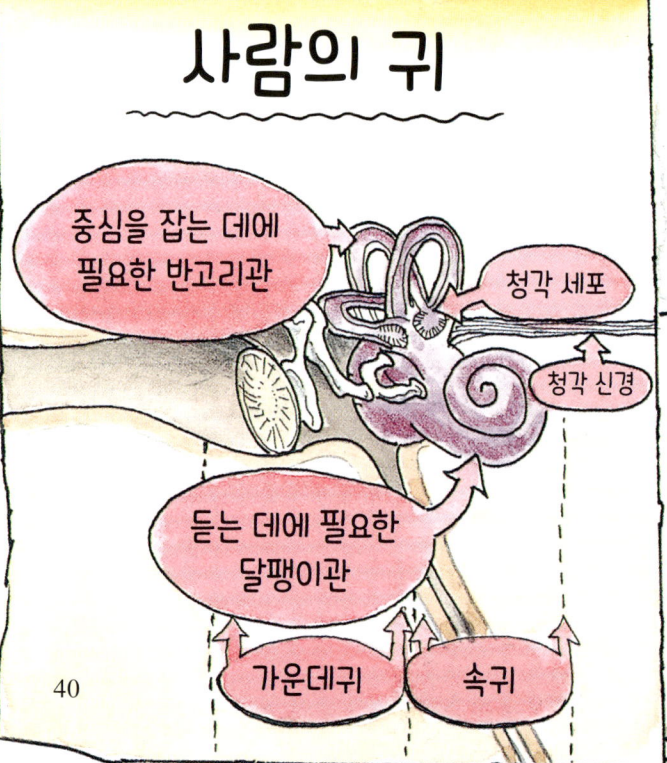

사람의 귀

- 중심을 잡는 데에 필요한 반고리관
- 청각 세포
- 청각 신경
- 듣는 데에 필요한 달팽이관
- 가운데귀
- 속귀

귀는 듣는 데에만 필요한 게 아닙니다.
귀는 균형을 잡는 데에도 필요합니다.

우리는 소리를 들을 때 필요한 달팽이관을 지나 속이 빈 관에 도착했어요.
그 관들은 몸의 균형을 잡는 데에 필요하답니다. 갑자기 우리는 고양이가
뛰어오르는 걸 느꼈어요. 너무 놀라서 죽을 힘을 다해 귓속에 매달렸죠.
조금 있다가 우리는 자동차 엔진 소리를 들었어요.
프리즐 선생님이 소리쳤어요. "여러분, 모두 안전벨트를 매세요."
와, 정말 다행이에요. 이제야 일이 제대로 되어 가니까요.

고양이는 균형을 아주 잘 잡습니다.
— 팀

고양이는 떨어질 때 뛰어난 균형 감각으로 몸을 바로잡습니다!

• 고양이가 떨어질 때 고양이의 균형 감각이 이렇게 말해요.
"지금 뒤집혀서 떨어지고 있어!"

• 그러면 먼저 머리를 돌립니다.

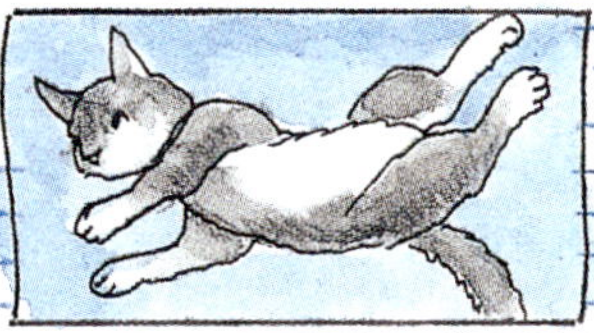

• 그다음에는 몸통을 돌려서 뒷다리까지 돌립니다.

• 다리로 안전하게 내려섭니다.

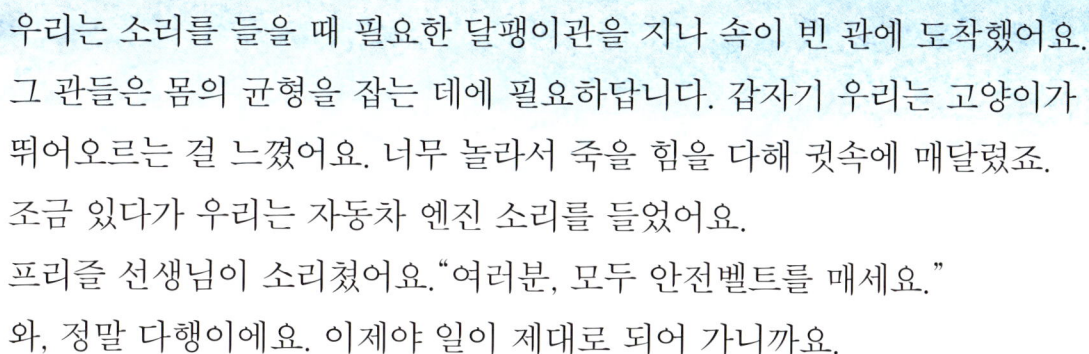

드라이브나 할까요?

발레리, 좋은 생각이야. 프레드도 차 타는 걸 아주 좋아한단다.

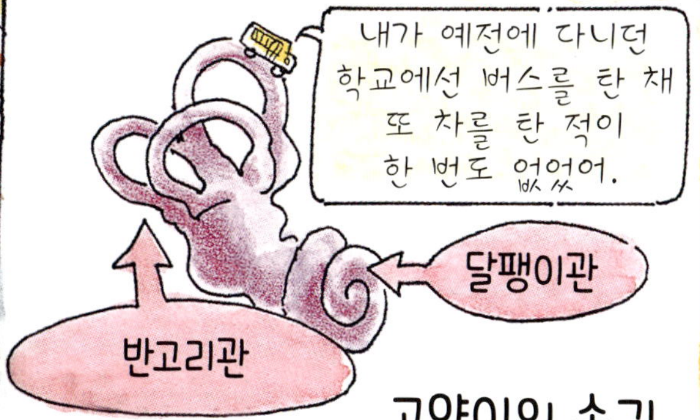

내가 예전에 다니던 학교에선 버스를 탄 채 또 차를 탄 적이 한 번도 없었어.

달팽이관
반고리관

고양이의 속귀

감각에 대한 낱말 공부 또 또 하나 더 — 도로시 앤

반고리는 '고리의 반쪽'이라는 뜻입니다.

놀라운 감각들
— 레이첼

육식 조류들은 동물 왕국에서 가장 좋은 시력을 가집니다. 독수리는 사람보다 시력이 8배나 더 좋습니다.

뱀은 열을 감지하는 기관을 가지고 있습니다. 이 기관으로 몸이 늘 따뜻한 정온 동물을 찾아 잡아먹을 수 있습니다.

얼굴에 있는 움푹 들어간 열 감지 기관

물고기는 몸의 옆에 있는 줄에 촉각 세포들이 있습니다. 이것으로 물의 흐름을 알아냅니다.

옆줄 기관

이 기관 때문에 물고기들은 포식자가 다가오는 걸 알고 달아날 수 있습니다.

프리즐 선생님이 갑자기 방향을 틀자, 우리는 귀에서 밖으로 튀어나와 프리즐 선생님의 차 뒤에 내려앉았어요.
차가 점점 처음 크기로 커지자, 와일드 선생님이 경적을 울렸답니다.
프리즐 선생님은 차를 길가에 세웠어요.

우리는 프리즐 선생님에게 모임에 대해서 얘기했어요.
그리고 시간이 없다는 것도요. 우리 모두는 곧 학교로 돌아왔죠.

네가 아널드로구나.
네 얘기는 정말 많이
들었단다.

아~ 예……

믿어 주세요!

프리즐 선생님,
이 버스를
절대 믿지
못하실 겁니다!

와일드 선생님,
'절대 못한다.'는 말은
절대 하지 마세요.

더 놀라운 감각들
— 아널드

밤에 활동하는 포유류는 눈의 뒤쪽에 반사판이 있습니다. 이 반사판은 눈으로 들어온 빛을 반사해서 망막의 원추세포와 간상세포로 다시 보냅니다. 그래서 빛이 적어도 잘 볼 수 있습니다.

새는 지구의 자기장을 감지할 수 있습니다.

이 자기장을 이용해서 멀리 이동할 때 방향을 잡습니다.

신기한 과학 암기 카드 게임을 해 보자!

❶ 캐릭터가 크게 그려진 쪽이 보이게 카드를 흩트려 놓고, 가위바위보를 한다.
❷ 이긴 사람이 'Q' 카드 중 한 장을 골라 질문을 크게 읽는다.
❸ 그런 다음, 'A' 카드도 한 장 골라 답을 크게 읽는다.

프리즐 선생님
좋아하는 음식: 안초비와 토마토, 치즈를 듬뿍 얹은 피자.

뇌는 눈, 귀, 코, 혀, 피부 등 감각 기관에서 받아들인 정보가 모이는 곳이에요. 정보는 신경 신호로 바뀌어 신경을 따라 뇌로 전달돼요. 그럼 뇌에서 느낄 수 있어요!

신기한 스쿨버스 ❿

프레드
취미: 달리는 자동차 위에서 균형 잡기.

토끼의 귀는 여우의 귀보다 커. 왜 그렇게 클까?

신기한 스쿨버스 ❿

와일드 선생님
솔직한 한마디: 버스 운전의 재미를 깨달아 매우 기쁩니다.

후각이 미각을 느끼는 데 도움을 주는데, 감기에 걸리면 콧구멍이 막혀서 음식 알갱이의 냄새들이 코로 전달되지 않기 때문입니다.

신기한 스쿨버스 ❿

뇌
진실: 시각, 청각, 후각, 미각, 촉각 등 모든 감각은 뇌가 느끼는 것.

귀는 소리를 듣는 감각 기관일 뿐 아니라 다른 감각 기관이기도 해. 그게 뭔지 맞혀 볼 사람?

신기한 스쿨버스 ❿

카를로스
장기: 귓바퀴를 움직일 수 있다.

만져서 느껴지는 질감, 온도, 가려움, 고통, 압력, 떨림. 털이 솟는 느낌도 있어.

신기한 스쿨버스 ❿

피비
현장 학습에서 가장 기억에 남는 동물: 사우로포드.

경찰 아저씨의 눈은 푸른색이었던 거 기억나니? 눈동자 색깔은 왜 사람마다 다른 걸까?

신기한 스쿨버스 ❿

❹ 그 답이 질문에 알맞은 답이면 'Q'와 'A' 카드를 모두 가져오고, 'Q' 카드를 다시 한 장 고른다.
❺ 틀린 답이면 'Q'와 'A' 카드를 모두 캐릭터가 크게 그려진 쪽이 보이게 내려놓는다.
❻ ②~⑤를 반복한다.
❼ 질문인 'Q' 카드와 그에 알맞은 답인 'A' 카드를 짝지어 3쌍의 카드를 먼저 가지는 쪽이 승리!

내가 가장 좋아하는 냄새
- 피비

부엉이
특기: 눈 감지 않기. 눈싸움을 하면 백전백승!

뇌에서는 어떻게 감각을 느끼는 건가요?

신기한 스쿨버스 ⑩

카르멘
새로 알게 된 사실: 청각 중추는 양쪽 귀 바로 위의 머리에 있어!

귀가 크면 소리를 잘 들을 수 있어. 토끼가 귀를 쫑긋쫑긋 하는 것도 소리를 모으기 위한 행동이야.

신기한 스쿨버스 ⑩

아널드
하고 싶은 말: 감각이 너무 좋으면 피곤할 것 같아.

감기에 걸리면 음식이 더 맛없게 느껴지는 이유는 뭘까요?

신기한 스쿨버스 ⑩

셜리
좋아하는 숙제: 프리즐 선생님이 내 주는 과학 숙제.

홍채 안쪽에 있는 색소의 양에 따라서 색깔이 달라져. 색소가 많으면 검은색이나 갈색을 띠고, 색소가 적으면 파란색이나 녹색을 띠.

신기한 스쿨버스 ⑩

개
잘하는 것: 냄새 맡기. 냄새만 알면 누가 어디에 있는지 찾아낸다.

꼭 안아 주고 손으로 등을 쓸어 주면 기분이 좋아져. 피부로 느낄 수 있는 느낌을 다섯 가지 말해 봐!

신기한 스쿨버스 ⑩

존
좌우명: 줄무늬처럼 균형을 잘 잡자!

균형을 느끼는 감각 기관! 속귀의 반고리관이 우리 몸이 중심을 잡게 해 줘. 안뜰 기관이나 전정 기관이라고도 불러.

신기한 스쿨버스 ⑩

글쓴이 **조애너 콜**
어린 시절 벌레, 곤충을 다룬 책들을 즐겨 읽는 과학 소녀였습니다. 초등학교 교사, 사서, 어린이 책 편집자로 일하다가,
어린이 문학과 과학 지식을 결합한 어린이 책을 쓰기로 결심했습니다. 첫 번째 책 『바퀴벌레』를 시작으로 90권이 넘는 책을 펴냈고,
2020년 7월 세상을 떠났습니다. 그중 가장 널리 알려진 「신기한 스쿨버스」 시리즈로 워싱턴 포스트 논픽션 상,
데이비드 맥코드 문학상 등 많은 상을 받았습니다.

그린이 **브루스 디건**
미국 뉴욕 쿠퍼 유니언 대학과 프라트 대학에서 일러스트를 공부했습니다. 「신기한 스쿨버스」 시리즈를 비롯해
「프리즐 선생님의 신기한 역사 여행」 시리즈, 「토드 선장」 시리즈 등 40권이 넘는 어린이 책에 그림을 그렸습니다.

옮긴이 **이강환**
서울대학교에서 천문학 박사 학위를 받은 뒤, 서대문자연사박물관에서
일했습니다. 「신기한 스쿨버스」 시리즈를 비롯한 여러 권의 과학책을 우리말로 옮겼고,
지은 책으로 『우주의 끝을 찾아서』, 『빅뱅의 메아리』 등이 있습니다.

감수 **서울초등기초과학연구회**
서울시 교육청 관내 초등교사 100여 명이 모인 연구회로, 과학책을 편찬하고 교육 프로그램을 개발하여 현장에 적용하고 있습니다.
특히 한국연구재단과 함께 '금요일의 과학터치' 사업을 10년째 운영하며, 초등 과학 교육의 대중화에 앞장서고 있습니다.

전 세계 1억, 국내 1천만의 신화, 어린이 과학책의 베스트셀러

 시리즈

신기한 스쿨버스 키즈 (전 30권)
조애너 콜 글 · 브루스 디건 그림 | 이강환, 이현주 옮김 | **5세 이상**
우리 아이의 첫 과학 그림책. 아이가 좋아하는 내용으로 **과학 호기심이 쑥쑥**.

과학탐험대 신기한 스쿨버스 (전 11권)
조애너 콜 외 글 · 브루스 디건 외 그림 | 이한음, 이강환, 김현명 옮김 | **6세 이상**
혼자 읽기 좋은 과학 동화. 읽기 적당한 분량으로 **과학과 책 읽기에 자신감이 쑥쑥**.

신기한 스쿨버스 (전 13권)
조애너 콜 글 · 브루스 디건 그림 | 이강환, 이연수, 이한음 옮김 | **8세 이상**
전 세계에서 사랑받는 과학책의 베스트셀러. 더 많은 정보로 **과학 이해력이 쑥쑥**.